CHOISY·LE ROY·

NOUVELLES REGLES POUR LE JEU DE MAIL.

TANT SUR LA MANIERE d'y bien joüer, que pour décider les divers évenemens qui peuvent arriver à ce Jeu.

A PARIS,

Chez {
CHARLES HUGUIER, Imprimeur-Libraire, ruë Saint Jacques, à la Sagesse.

ET

ANDRÉ CAILLEAU, Quay des Augustins, près la ruë Pavée, à Saint André.
}

MDCCXVII.

TABLE

DES TITRES.

TABLE DES TITRES.

NOUVELLES REGLES POUR LE JEU DE MAIL.

IL y a deux sortes de Regles pour le Jeu de Mail ; les unes, *sur la maniere d'y bien joüer ;* les autres, *pour décider les divers évenemens qui peuvent arriver à ce Jeu.* On commencera par les premieres qui sont les plus essentielles.

A

Il est certain que de tous les Jeux d'exercice, celui du Mail est le plus agréable, le moins gênant, & le meilleur pour la santé; il n'est point violent, on peut en même temps joüer, causer, & se promener en bonne compagnie. On y a plus de mouvement qu'à une promenade ordinaire; l'agitation qu'on se donne en poussant la Boule d'espace en espace, fait un merveilleux effet pour la transpiration des humeurs, & il n'y a point de rhumatismes ou d'autres maux semblables, que l'on ne puisse prévenir ou guérir par ce Jeu, à le prendre avec modération, quand le beau temps & la commodité le permettent.

Il est propre à tous âges, depuis l'enfance jusqu'à la vieillesse; sa beauté ne consiste pas à faire de grands coups, mais à joüer juste

Attitude du Corps pour le Debut
page 3.
à Paris Chez le S^r. de Mortain Sur le pont Nostre Dame

avec propreté, sans trop de façons; & quant à cela, on peut
joindre la sûreté & la force qui
font la longue étenduë du coup,
on est alors un Joüeur parfait.

Pour parvenir à ce degré de
perfection, il faut chercher la
meilleure maniere de bien joüer,
se conformer à celle des beaux
Joüeurs, se mettre aisément sur
sa Boule, ni trop près, ni trop loin,
n'avoir pas un Pied guere plus
avancé que l'autre; les Genoux
ne doivent pas estre ni trop mols,
ni trop roides, mais d'une ferme-
té bien assurée pour donner un
bon coup.

ATTITUDE DU CORPS.

Le Corps ne doit estre ni trop
droit, ni trop courbé, mais mé-
diocrement panché, afin qu'en
frapant il se soutienne par la for-

ce des Reins, en le tournant dou-
cement en arriere de la ceinture
en haut avec la Tête fans toute-
fois perdre la Boule de vûë.

C'eft ce demi tour du Corps
qu'on appelle *joüer des Reins*, qui
faifant faire un grand cercle au
Mail, fait l'effet de la force mou-
vante qui vient de loin.

On ne doit pas lever le Mail
trop vîte, mais uniment, fans fe
laiffer emporter, le tenir un in-
ftant dans fa plus haute portée,
pour fraper fur le champ le coup
avec vigueur, en y joignant la
force du Poignet, fans changer
neanmoins la fituation du Corps,
des Bras, ni des Jambes, afin
de conferver toujours la même
union fur l'ajuftement que l'on
a dû prendre du premier coup
d'œil avec fa Boule.

Comme on doit tourner le Corps
de la ceinture en haut en frapant
le Coup. pages 4. et 5. *aParis chez le S.r de*
Martain sur le pont Nostre Dame

DIFFÉRENTES MANIERES DE JOUEURS.

On voit des Gens *qui ne joüent que des Bras*, c'est à dire qui ne font pas ce demi contour du Corps qui vient des Reins; mais outre qu'ils s'incommodent la Poitrine par le grand effort qu'ils font faire à leurs Bras seuls en racourci, ils ne sçauroient jamais estre ni beaux ni forts Joüeurs, parce qu'ils ne levent pas le Mail assez haut.

Quelques-uns le levent trop sur leurs Têtes ou sur leurs Epaules, d'autres ne le levent qu'à la moitié de leur taille, & frapent la Boule par secousse comme s'ils donnoient un coup de foüet : Il y en a qui ouvrant étrangement les Jambes, & se cramponnant sur la pointe des Pieds, s'abandonnent si fort sur la Boule, que s'ils venoient à la manquer tout à fait, rien ne les empêcheroit de tomber, & de donner, comme l'on dit, du nez en terre; quelques autres levent en l'air le Coude gauche pour mesurer le coup, ce qui fait que tres rarement ils touchent la Boule à plein.

Toutes ces manieres sont aussi mauvaises que desagréables, & on doit les changer. Chaque Exercice a ses Loix qu'on est obligé de suivre; la Danse, le Manége, les Armes, ont une attitude & une contenance reglées, sans lesquelles on ne sçauroit rien faire que grossierement & de mauvaise grace.

Le Mail est à peu près de même, c'est un Jeu Noble, exposé à la vûë du Public; c'est pourquoi

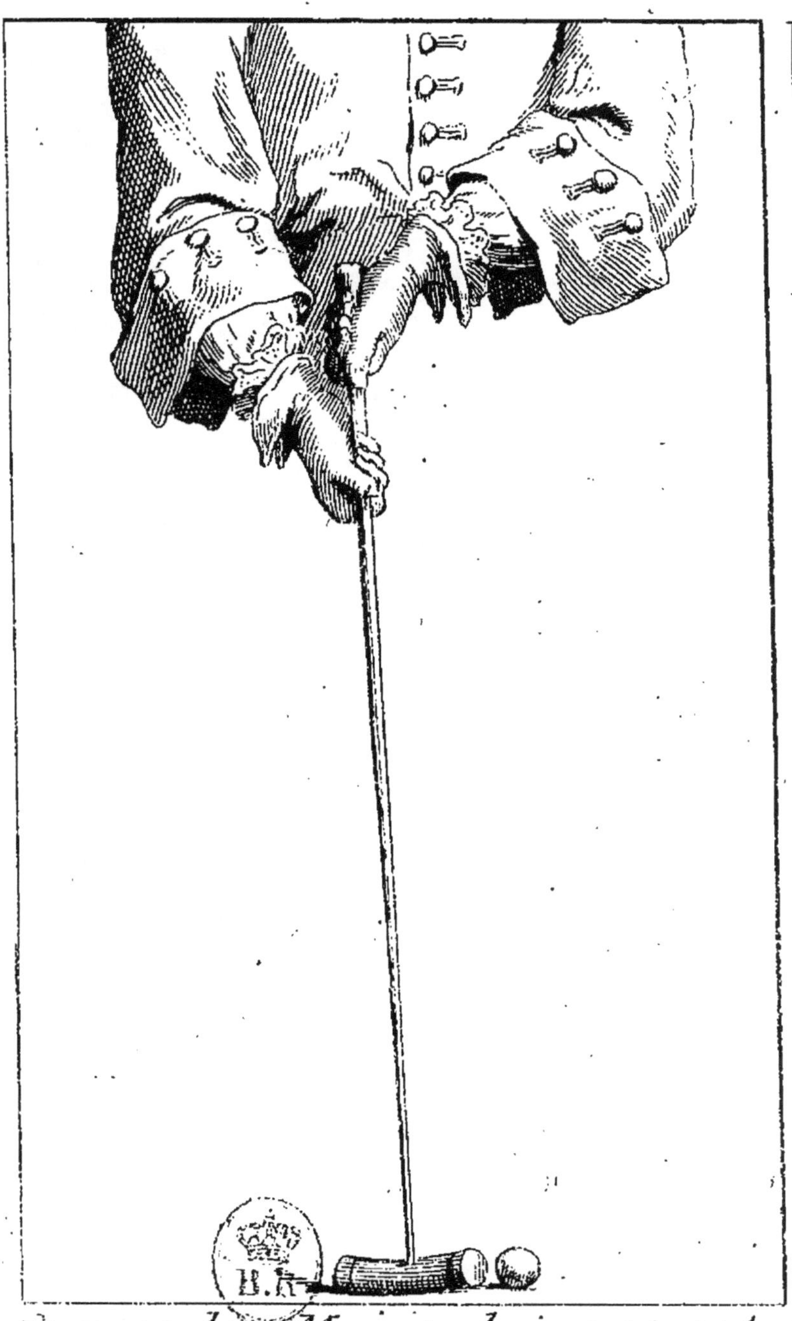

Comme les Mains doivent estre
posées pour bien jouer page. 7.
à Paris chez le S.r de Mortain sur le pont Nostre Dame

on ne sçauroit y joüer devant le
Monde que suivant ses verita-
bles Regles.

MAINS, BRAS.

Les Mains ne doivent estre ni
serrées ni trop éloignées l'une de
l'autre ; les Bras ni trop roides ni
trop allongez, mais faciles, afin
que le coup soit libre & aisé. La
Main gauche, qui est la premiere
posée, doit avoir le Pouce vis-à-
vis le milieu de la Masse ; le Pouce de la droite doit croiser un
peu en biais sur la pointe des autres Doits, ne pas estre dessus ni à
côté du Manche ; car c'est ordinairement ce qui fait *crosser*, parce
que si en levant les Mains pour
donner le coup, on n'a le Pouce
droit ainsi croisé, la Masse varie
en tombant sur la Boule, & ne
sçauroit la fraper en son point.

A iiij

Il faut donc que la Main droite
tienne le Mail comme les Joüeurs
de Paume tiennent la Raquette,
car ce Pouce ainſi accroché avec
le bout des autres Doits, eſt bien
plus ferme, dirige mieux le coup
où l'on veut aller, & donne plus
de facilité & de force au Poigner,
qui doit agir vivement en l'un &
en l'autre de ces deux Jeux.

PIEDS.

Pour eſtre bien ſur la Boule, il
faut ſe bien aſſurer ſur ſes Pieds,
ſe mettre dans une poſture aiſée,
que la Boule ſoit vis-à-vis le Ta-
lon gauche, ne pas trop reculer
le Pied droit en arriere, ni baiſſer
le Corps, ou plier le Genoüil
quand on frape, parce que c'eſt
ce qui met le Joüeur hors de
meſure, & qui le fait ſouvent
manquer.

Toutes ces observations sont de conséquence, à quiconque voudra les suivre, pour bien joüer. On ne doit pas estre long-temps à mesurer son coup, une seule fois, avec un peu d'habitude, suffit; & l'on remarque que ceux qui sont plus longtemps à tâtonner leur Boule, sont ceux qui la manquent plûtôt, dont on se moque après, parce que ceux qui voyent joüer aiment qu'on soit prompt, & qu'on ne joüe pas de mauvais air.

MAIL.

Pour acquerir cette justesse si necessaire à ce Jeu, & qui en fait toute la propreté, il faut avoir un Mail qui soit toujours de même poids & de même hauteur, ce qui doit estre proportionné à la force & à la taille du Joüeur. Si le

Mail eſt trop long ou trop peſant on prend la terre, s'il eſt trop court ou trop leger il ne donne pas aſſez de force, & l'on prend la Boule par deſſus, ou comme on dit, *par les cheveux*. Il importe donc à chaque Joüeur de ſe choiſir un Mail qui luy convienne, dont il ſe rende le maître, & qu'il proportionne encore la Boule à la Maſſe; car il eſt bon de prendre garde à tout.

B O V L E S.

Si on joüe d'un Mail dont la Maſſe ou la Tête ne peſe que dix onces, on joüera mieux & plus loin d'une Boule qui n'aura que environ la moitié de ce poids, que d'une plus forte. Si on joüe d'une Maſſe de treize à quatorze onces, qui ſont celles dont on ſe ſert le plus communément, il eſt certain qu'avec des Boules de cinq à six onces on fera de plus grands coups ; cela dépend quelquefois du temps qu'il fait, & du terrain sur lequel on joüe. Il est bon de sçavoir, que quand le vent est favorable, ou que le terrain est sablonneux, ou qu'il descend un peu, quoique d'une maniere imperceptible, il faut joüer de grosses Boules, qui n'excedent pas pourtant la portée de la Masse, & l'on fera de plus grands coups. Quand le temps est humide, ce qui rend le terrain du Jeu *sourd*, c'est-à-dire, difficile à couler, on joüera des Boules legeres, qui iront mieux que celles qui sont de poids ; mais quand il fait beau, que le terrain est sec & uni, c'est alors que pour faire de plus grands coups, on doit joüer des Voguets ou petites Boules, qui ayent bien leur poids, en gardant toujours neanmoins, autant qu'il est poſſible, la proportion ci-devant obſervée du poids de la Maſſe avec celui de la Boule.

Il ne ſera pas inutile de remarquer combien il eſt avantageux à ce Jeu d'avoir de bonnes Boules ; c'eſt le pur hazard de la Nature qui les forme, & s'il faut ainſi dire, qui les paîtrit ; mais c'eſt l'adreſſe du Joüeur habile qui acheve de les faire en les bien joüant, de les connoître pour s'en ſervir à propos.

Ces Boules ſont de racines de boüis, les meilleures viennent des Pays chauds, on les trouve dans des fentes ou petits creux de rochers, où il ſe fait des nœuds, on les coupe, & on les laiſſe ſécher un certain temps ; après quoy les ayant fait tourner &

battre à grain d'orge, on ne les
jouë qu'à petits coups de Mail
fur un terrain graveleux; on les
jouë enfuite plus fort, on les fait
froter avec de la Parietaire toutes les fois qu'on les accommode
après qu'on s'en eft fervi : Enfin,
à force de coups de Mail, & de
les faire rouler, elles deviennent
dures; on prend garde à celles
qui vont le mieux, c'eft-à-dire,
qui ne fautent & ne fe détour-
nent point de leur chemin, ou
pour parler le langage du Mail,
qui ne s'éventent pas : Alors on
doit mefurer ces Boules ainfi faites, les tenir dans un fac avec du
linge fale, qui eft le meilleur endroit, ni fec ni humide, où on les
peut conferver faines, on doit les
pefer pour fçavoir le poids au
jufte de celles qui vont le plus
loin, lefquelles doivent eftre cer-

tainement regardées comme les meilleures.

COMPAS POUR MESURER LES BOULES.

Pour cela on avoit ci-devant des mesures de papier ; mais on a inventé depuis une espece de Compas rond, pour marquer le poids que doivent avoir ordinairement les bonnes Boules, de toutes sortes de grosseurs, depuis le *Voguet* jusques au *Tabacan*, ce qui est tres-commode.

LA BERNARDE.

Il y a eu une Boule d'un grand renom, dont l'Histoire ne sera peuteftre pas inutile ni défagréable, & fera voir de quelle importance eft une bonne Boule au Jeu de Mail. Un Marchand de Boules de Provence en apporta un gtos sac à Aix: Les Joüeurs qui estoient en grand nombre en cette Ville, les acheterent toutes trente sols piece, à la reserve d'une seule qui estant moins belle que les autres, fut rejettée. Un bon Joüeur nommé BERNARD, vint le dernier, il acheta cette Boule de rebut, dont il ne voulut donner que quinze sols, elle pesoit sept onces deux gros, & estoit d'un vilain bois à moitié rougeâtre; il la joüa longtemps, la fit, & elle devint si excellente, que quand il avoit un grand coup à faire, elle ne luy manquoit jamais au besoin, & luy faisoit gagner immanquablement la Partie. Elle fut appellée *LA BERNARDE*. Le President de Lamanon qui l'a euë depuis, en a refusé plusieurs fois cent Pistoles. LOUIS BRUN, un des plus

grands Joüeurs de Mail qu'il y ait
eu en Provence, qui dans un Jeu
uni, sans vent & sans descente,
faisoit jusques à quatre cens cinq
pas d'étenduë, voulut faire une
experience de la Bernarde, il la
joüa diverses fois avec six autres
Boules de même poids & de même grosseur, son coup estoit si
égal, que les cinq autres Boules
estoient presque toutes ensemble à un pied ou deux de diffe-
rence; pour la Bernarde on la
trouvoit toujours cinquante pas
plus loin que les autres; ce qui
luy fit dire un jour plaisamment,
qu'avec la Bernarde il joüeroit aux
Grands-Coups contre le Diable. On
doit croire que ce que cette Boule avoit de particulier, est sans
doute qu'elle estoit également
pesante partout, depuis sa super-
ficie jusques à son centre, puis-
qu'elle

qu'elle se soutenoit si bien dans son roulis, au lieu que les autres qui n'alloient pas de même, quoique de poids, estoient iné-gales dans dans leur pourtour, estant plus pesantes d'un côté que d'un autre, ce qui les faisoit aller de travers, par sauts, ou par bonds.

De ce raisonnement il s'ensuit deux choses. La premiere, que chaque bon Joüeur doit connoî-tre ses Boules, pour les joüer du bon côté qu'elles doivent estre frapées pour aller au plus loin; il y en a, par exemple, qu'il faut joüer sur le bois, quand c'est là son bon roulis, ce qu'on apprend par l'experience quand on joüe souvent à ce Jeu. La deuxiéme, que pour donner le juste prix aux Boules, il ne faut pas les prendre au hazard, sur leur beauté, leur

B

dureté, ou leur poids, mais voir quand elles vont bien sous le coup de Mail, & plus loin que les autres de même grosseur.

MASSES OU TESTES DE MAIL.

Ce n'est pas assez pour faire de grands coups d'avoir des Boules faites, il faut que la Tête du Mail soit faite aussi, c'est-à-dire, *qu'elle se soit durcie par les coups qu'elle aura joüé.* L'experience ayant fait connoître qu'une Boule poussée par une Masse neuve ou fenduë, ira moins loin de quelques pas que si elle avoit esté frapée d'une vieille Masse bien saine, & qui a acquis sa dureté.

On a reconnu que les Masses de GEORGES MINIER d'Avignon, qui sont de chesne verd, & surtout celles du Pere, sont

incomparablement mieux faites
& meilleures que de tous autres
Ouvriers.

LONGUEUR DU MANCHE DE MAIL.

Quant aux Manches du Mail
en Provence & en Languedoc,
on ne les tient guere plus longs
que de la Ceinture en bas, parce
qu'on en est bien plus maître,
plus sûr, & moins gêné, sans
remuer sa Boule, en la joüant où
elle se rencontre. Mais comme à
la Cour & à Paris on peut mettre sa Boule en beau, si ce n'est
quand on tire à la Passe, on a
trouvé que la mesure du Manche prise sous l'Aisselle, estoit la
plus juste qu'on pouvoit prendre
pour faire de plus grands coups,
celles qui vont audelà sont ou-
trées, on aura bien de la peine

à s'y ajuster, & à moins d'une grande habitude, on ne fera quelques grands coups que par hazard : Ainsi on doit conseiller à ceux qui veulent joüer au Mail, de commencer par un qui ne vienne qu'à la Ceinture, dont ils se rendront maîtres en ne joüant d'abord que des demis coups ; à mesure qu'ils se fortifieront, ils pourront allonger leur Mail de deux ou trois pouces, jusqu'à ce qu'ils puissent s'accoutumer à bien joüer d'un qui vienne jusques à l'Aisselle, & s'en tenir là pour se rendre tres forts Joüeurs ; que si on n'observe pas cette petite gradation, on doit s'assurer qu'on ne joüera jamais avec la justesse ni avec la propreté que demande ce Jeu.

On peut ajouter pour la bienséance, qu'on n'aime pas à voir

en public des Perfonnes de Condition fans Vefte ou Jufte-au-corps, ni fans Perruque; on peut eftre legerement & commodé-ment vêtu, n'avoir pas de ces Veftes bigarées ou miparties de differentes étoffes, avoir de petites Perruques naiffantes, ou noüées, & un Chapeau, ce qui fied toujours bien, & eft beau-coup plus honnête devant le Monde, que d'avoir des Bonnets quelques beaux & magnifiques qu'ils puiffent eftre. Il ne faut pas oublier qu'on doit toujours joüer les Mains gantées, ce qui, outre la propreté, fert à tenir le Mail plus ferme quand on donne le coup, & garantit en même temps les Mains de durillons.

Il y a des Perfonnes qui en joüant la premiere fois au Mail, voudroient faire d'auffi grands coups que les Maîtres, ce qui n'eft pas poſſible, on ne peut acquerir la juſteſſe & la ſûreté de ce Jeu, qu'avec un peu de patience, en s'y accoutumant infenſiblement par des demis coups : Car les Maîtres & les bons Joüeurs ne s'y rendent habiles qu'en joüant ſouvent pluſieurs Boules qu'ils ſe renvoyent à petits coups l'un à l'autre, ce qui fait un double bon effet, en ce qu'ils joüent ſûrement ſans façon, & qu'ils battent leurs Boules neuves.

Ce Jeu ayant toujours eſté regardé comme un des plus innocens & des plus agréables amuſemens de la vie, puiſqu'on y joint la force à l'adreſſe, qu'on s'y fait une ſanté plus robuſte qu'en tout autre exercice du Corps, & qu'on y peut joüer ſans peine depuis l'enfance juſques à l'âge le plus avancé.

NOUVEAU MAIL COMME UN BILLARD.

On pourroit faire un nouveau Jeu de Mail à une Maison de Campagne, plus court, où l'on ne feroit que de petits coups de mesure, sur les Regles, & comme on joüe au Billard.

Il suffiroit pour cela d'avoir une allée de cent cinquante ou deux cens pas de long, sur dix ou douze pas de large plus ou moins, la rendre tres unie, la faire entourer de pierres bien jointes, ou de planches de chesne un peu épaisses, mettre un Archet à chaque bout, & un Pivot de fer au milieu; l'on débuteroit vis-à-vis de l'Archet, pour s'aller mettre en passe à l'autre bout, comme on fait au Billard, joüer toujours du Mail & la Boule d'où

elle feroit, & celui qui après
avoir paffé à l'Archet, touche-
roit le premier au pair, ou au plus
au fer du milieu, qui feroit comme *Livet* eft au Billard, gagneroit la Partie. Ce qui ne laifferoit
pas de faire un divertiffement
tres agréable à diverfes Perfonnes de tous états & de tous âges,
qui joüeroient au Roüet, ou en
Partie, comme au Billard. L'a-
vantage qu'on y trouveroit, c'eft
qu'on prendroit l'air à couvert
dans un exercice modéré, fans
beaucoup de fatigue, & qu'on fe
rendroit fûr infenfiblement pour
joüer parfaitement bien au Mail,
ou toute la fcience confifte, comme on l'a déja dit, à fraper nette-
ment fa Boule, ce qu'on n'ac-
quiert qu'en s'accoutumant a la
bien joüer par de petits coups,
d'où l'on parvient enfuite à en
faire

Comme on doit estre quand-ón tire
à la passe pour finir la partie p.
a Paris Chèz le Sr de Mortain Sur le pont NostreDam

faire de grands, quand on s'est
bien assuré sur sa Boule, & qu'on
la pousse & dirige juste où l'on
veut.

PASSE.

Après ce qui vient d'estre ob-
servé pour le Jeu de Mail, il faut
dire quelque chose pour bien tirer à la Passe avec la Leve, quand
on est à la fin de la Partie du Jeu
ordinaire. Il faut se mettre de
bonne grace sur sa Boule d'acier,
qu'elle soit à la pointe, ou à deux
& trois doits du Pied droit en dehors, s'ajuster du Bras & de l'œil
sans faire trop de façons, ni aucune grimace ; avoir le Corps mé-
diocrement panché sur la droite,
& la pointe du Pied gauche legerement posée à terre, afin qu'en
tirant le coup on avance un peu
vivement, & ensemble le Corps
avec le Pied gauche, & que l'on
C

fasse agir en même temps l'œil,
le Bras, & le Poignet, pour porter
sa Boule juste, & si l'on peut, de
volée, le plus près du milieu de
l'Archet, afin de le franchir har-
diment pour gagner la Partie.
Toutes les autres manieres de
tirer à la Passe, comme d'avancer
le Pied gauche, mettre la Boule
à côté, en dedans, ou entre les
deux Pieds, bien loin d'estre
bonnes, font au contraire de tres
mauvaise grace.

SECONDES REGLES
POUR LE JEU
DE MAIL.

SUR LES DIVERS EVENEMENS
QUI ARRIVENT A CE JEU.

REGLES GENERALES.

I.

L y a quatre manieres de joüer au Mail; au *Roüet*, en *Partie*, aux *Grands - Coups*, & à la *Chicane*.

II.

Joüer au *Roüet*, c'eſt quand chacun joüe pour ſoy & par tête,

C ij

un feul en ce cas, paſſant au pair ou au plus quand il ſe trouve en ordre, gagne le prix dont on eſtoit convenu pour la Paſſe.

III.

On joüe en *Partie*, quand pluſieurs ſe mettent d'un côté pour joüer avec d'autres d'égales forces, en pareil nombre; & ſi le nombre eſt inégal, on peut faire joüer deux Boules à un ſeul d'un côté, juſques à ce qu'un autre Joüeur ſurvienne pour remplir la place vacante.

IV.

Aux *Grands-Coups*, c'eſt quand deux ou pluſieurs joüent à qui pouſſera plus loin, & quand l'un eſt plus fort que l'autre, le plus foible demande avantage, ſoit par diſtances d'arbres, ſoit par diſtances de pas.

V.

Pour ce qui est de la *Chicane*, on y joüe en pleine campagne, dans des allées, des chemins, & partout où l’on se rencontre ; on débute ordinairement par une volée, après quoy l’on doit joüer laBoule en quelque lieu pierreux ou embarassé qu’elle se trouve, & on finit la Partie en touchant un arbre, ou une pierre marquée qui sert de but, ou en passant par certains détroits dont on sera convenu, & celui dont la Boule qui aura franchi ce but sera la plus loin, supposé que les Joüeurs de part & d’autre soient du pair u plus, aura gagné.

VI.

A quelques unes de ces quatre manieres, on doit convenir avant le début, de ce que l’on joüe.

VII.

Personne ne doit se promener dans le Mail quand on joüe, à cause des accidens qui pourroient arriver.

VIII.

Il faut estre au moins à cent pas de distance pour ne pas blesser ceux qui sont devant, & crier toujours *gare* avant que de joüer.

IX.

Ceux qui dans un Jeu regulier ne sont ni du Roüer, ni d'aucune Partie, ni des Grands-Coups, ne doivent pousser qu'une Boule, afin de ne point incommoder les autres.

X.

Quiconque joüant manque tout à fait sa Boule, ce que l'on appelle faire une *piroüette*, perd un coup. Lorsque le Mail se casse en rabattant, ou qu'il se démanehe : Si la Masse passe la Boule, le coup perdu est compté ; mais si la Masse demeure derriere, le coup est nul, & le Joüeur recommence sans rien perdre.

XI.

Si l'on fait un faux coup, ou que l'on soit arrêté en quelque sorte que ce puisse estre, par la faute de ceux avec qui l'on joüe, ou du Porte-Leve, l'on pourra recommencer en quelque endroit du Jeu que ce soit, mais toutes autres Personnes, animaux ou rencontres, seront comme une pierre au Jeu.

XII.

L'on ne pourra en aucun lieu défendre les Boules de ceux avec qui on joüe, ni celles qui viendront à se heurter quand elles sont roulantes, si ce n'est qu'on les ait défenduës pour le Grand-Coup.   C iiij

XIII.

On peut mettre sa Boule en beau pour joüer où on l'a trouvée, sans neanmoins l'avancer ni la reculer que ce ne soit de l'agréement des Joüeurs.

XIV.

Qui joüera une Boule étrangere ne perdra rien, & pourra joüer la sienne quand il la trouvera ; mais celui qui joüera la Boule de quelqu'un de sa Compagnie, perdra un coup pour sa méprise, & continuëra à joüer du lieu où sera sa Boule, en comptant le coup perdu ; & celui de qui il aura joüé la Boule, sera tenu d'en joüer une autre de la place où la sienne estoit ; & si un Etranger joüe la Boule d'un des Joüeurs de la Partie, on la remet à peu près où on juge qu'elle estoit.

XV.

S'il survenoit des differends pour des coups ou des hazards imprévûs, on peut s'en rapporter au Maître du Jeu, ou à des Personnes presentes qui en ayent quelque experience, pour en passer sur le champ par leur Avis.

DU DÉBUT.

I.

Le Début est le premier coup que chacun joüe à toutes les Passes que l'on fait.

II.

On peut mettre du sable, de petites pierres, une carte roulée, ou un morceau de bois, pour élever sa Boule tant qu'on veut, quand on débute.

III.

Qui a une fois débuté pour estre de la Passe ou d'une Partie, ne pourra plus se retirer sans payer ce qu'on joüoit, si ce n'est du consentement des Joüeurs.

IV.

Quand la Boule de quelqu'un sort au Début, il peut rentrer la premiere fois pour deux, en joüant une seconde Boule, & si elle venoit à sortir encore, il ne peut plus rentrer de luy-même, mais par la permission des Joüeurs ; & sa deuxiéme rentrée qui est la troisiéme Boule, luy coûte quatre Passes : S'il rentroit pour une quatriéme Boule, il luy en coûteroit huit, & ainsi du reste en doublant toujours.

V.

Quand le Jeu du Roüet est commencé, & qu'un de ceux qui en est, a gâté son Jeu pour avoir manqué, ou estre sorti & rentré en doublant les Mises, il peut

refuſer un ſurvenant de ſe mettre de la Partie, en attendant que
la Paſſe ait eſté finie.

VI.

Ceux qui portent au plus loin
coup, ou à un certain arbre, doivent aller au moins juſques aux
cent pas du Début des deux cô-
tez, autrement ils ne peuvent
plus prendre leur avantage.

VII.

Quiconque en débutant, aura
mal joüé, ſans ſortir, de ſorte qu'il
ne puiſſe y aller en trois, ou en
quatre, ſuivant que tous les autres y iront, il ne pourra rentrer
pour deux, ſi les Joüeurs ne le
veulent.

VIII.

Quand le Roüet a commencé,
ou eſt à un Début, ceux qui ſe
preſentent pour en eſtre, doivent
s'informer de ce que l'on joüe,

afin que personne ne puisse faire de mauvaise contestation là-dessus.

DES GRANDS-COUPS.

I.

Celui qui joüera au Grand-Coup en quelque lieu que ce soit, ayant du consentement de son Adversaire défendu toutes sortes de hazards, s'il en survient quelqu'un, le coup sera nul.

II.

Si le premier joüant au Grand-Coup, n'a rien défendu, celui qui joüe après ne peut rien défendre.

III.

Lorsque celui qui joüe le second au Grand-Coup, rencontre la Boule du premier, quand elle n'auroit fait que la toucher, cela suffit pour faire dire qu'elle a gagné, quand elle seroit restée en arriere.

IV.

Une Boule sortie peut gagner encore le Grand-Coup, si elle est allée plus loin, quoique hors du Jeu, en la remettant vis-à-vis d'où elle sera trouvée.

V.

Aux Grands-Coups, comme au Roüet & en Partie, ceux qui touchent aux ais ou aux murailles ne peuvent plus rien défendre, & courent le risque de tous les hazards.

DES BOULES SORTIES, ARRESTÉES, POUSSÉES, PERDUES, CHANGÉES, CASSÉES, ET DÉFENDUES.

I.

Toute Boule roulante qui en rencontre une autre arrêtée dans les cinquante pas du Début, ou à vingt-cinq pas des autres coups, courra le hazard de la rencontre, si elle n'a esté défenduë avant que d'estre joüée. Mais cette défense n'aura pas lieu, si la Boule roulante touche les ais, ou les murailles, avant que de rencontrer l'autre Boule.

II.

Les cinquante & vingt-cinq pas se mesurent de l'endroit où l'on aura joüé, à celui où la Boule aura rencontré l'autre ; passé ces distances, il n'y a plus rien à défendre, si ce n'est aux Grands-Coups, encore faut-il que les Joüeurs en soient convenus auparavant.

III.

Qui sortira perdra un coup, pour joüer sa Boule dans le Mail vis-à-vis l'endroit où elle sera trouvée.

IV.

Une Boule qui sera passée par

un trou des égoûts faits exprès
pour faire écouler les eaux du
Jeu, ne sera pas reputée sortie, &
on la remettra dans le Jeu vis-à-
vis, sans rien perdre.

V.

Boule fenduë ou collée, une
fois défenduë, sert à toute une
Séance d'entre mêmes Joüeurs,
& si elle vient à s'éclater, le coup
est nul, & celui à qui elle estoit,
en joüe une autre.

V I.

Si une Boule non défenduë se
casse, qu'un morceau vienne à
sortir, & l'autre demeure dans
le Jeu, il sera libre à celui qui
l'aura joüée, de prendre ce dernier pour continuer la Partie, &
joüer une autre Boule à sa place:
Que si tous les morceaux estoient
dehors, le Joüeur perd un coup
pour rentrer,

VII.

Si une Boule arrêtée est avancée ou reculée par quelque hazard que ce soit, & que des Gens de bonne foy le disent, on pourra les croire, & la remettre à peu près où elle estoit.

VIII.

Celui dont la Boule sortira au second coup, pourra rentrer pour une autre Passe, de l'aveu des Joüeurs, en rejoüant d'où il estoit ; il abandonne en ce cas sa premiere Passe, qui ne peut plus estre pour luy, quand il gagneroit la courante ; mais cette Passe abandonnée sera pour tout autre qui s'en avisera le premier, en gagnant une Passe suivante.

IX.

Une Boule sortie au troisiéme ou quatriéme coup, le Joüeur ne pourra plus rentrer, & doit finir

la

la Partie comme il se trouvera.

X.

Celui à qui on a changé la Boule, peut joüer celle qu'il a trouvée à la place de la sienne.

XI.

Boule dérobée, met celui à qui elle estoit hors de la Partie, excepté celle dont il estoit rentré pour deux, on en place une autre pour luy où il plaît à la Compagnie, ce qui n'est qu'une tolerance.

DU TOURNANT, DU RAPPORT, ET DE L'AJUSTEMENT.

I.

Quand un Joüeur a sa Boule dans le Tournant, il ne luy est pas libre de s'élargir, mais il doit joüer du lieu où sera sa Boule, sur la ligne droite & de niveau des ais au tambour.

D

II.

On dit *eftre tourné*, quand on a paffé la ligne des ais vis-à-vis le tambour; & *eftre en vûë*, quand de l'endroit où eft fa Boule, on voit à plein l'Archet de la Paffe.

III.

Pour s'ajufter au troifiéme ou quatriéme coup, il doit toujours eftre joüé du Mail, & jamais en aucun cas il ne le peut eftre de la Leve, laquelle ne fert que pour tirer la Paffe.

IV.

Quand on joüe en trois coups de Mail, fi quelqu'un plus fort que les autres, alloit en Paffe ou approchant en deux ; ou bien s'il y alloit en trois coups, quand on eft convenu d'y aller en quatre, il doit alors rapporter fa Boule aux cinquante pas, à compter de la pierre, pour joüer fon coup d'ajuſtement avec le Mail.

V.

Celui dont la Boule eſt allée le plus avant vers la Paſſe, eſt obligé de la rapporter le premier, & de joüer ſon coup d'ajuſtement des cinquante pas, & ainſi des autres de même ſuite.

DE LA PASSE.

I.

Ceux qui arriveront les premiers à la Paſſe, l'acheveront avant que d'autres Joüeurs qui les ſuivent, puiſſent les interrompre, eſtant des regles de la bienſéance d'attendre, afin que chacun puiſſe joüer à ſon tour, ſans eſtre empêché ni incommodé.

II.

Toute Boule qui tient de la pierre eſt en Paſſe, & celle qui tient du fer eſt derriere.

III.

Qui paſſe à ſon troiſiéme coup
eſt derriere, & doit revenir en
ſon rang; il en eſt de même à
celui qui paſſe au quatriéme,
quand on joüe en quatre coups
de Mail.

IV.

Si joüant en trois coups l'on eſt
pouſſé par une ou pluſieurs Boules du Jeu, qui depuis le premier
où le ſecond coup vous menent
juſques en Paſſe, non ſeulement
celui qui aura eſté pouſſé ne rap-
portera pas aux cinquante, mais
s'il ſe trouvoit ſi avant que d'autres de la Partie vinſſent à tirer, &
paſſer dans leur ordre, ou à deux
de plus de celui qui auroit eſté ſi
heureuſement avancé, il pourra
alors tirer la Paſſe, non avec ſon
Mail, mais avec ſa Leve, du lieu
où il ſe trouvera comme obligé,

autrement , l'avantage d'avoir
esté poussé si avant , luy demeu-
reroit inutile.

V.

Et si personne n'ayant passé ,
quelqu'un des autres Joüeurs se
trouve avant luy plus près du fer,
il peut faire deux choses ; l'une ,
ou s'ajuster du Mail sur les plus
avancez , pour tirer avant ou
après eux , suivant son ordre, ou
tirer la Passe avec la Leve du
lieu où il sera, auquel cas il ne le
fera que comme s'il estoit à son
ordre.

VI.

Quand on est arrivé vers la
Passe, le premier qui y tire, peut
faire dresser le fer, s'il n'estoit pas
bien droit & à plomb, mais si
quelqu'un estoit à côté du fer qui
eût de la peine à pouvoir passer,
on doit en ce cas laisser l'Archet

comme il est, à cause du hazard;
& si celui qui se trouve incommodé, y touche de son autorité
privée, sans l'avoir demandé à ses
Compagnons, on doit l'obliger
de rigueur à le faire remettre
comme il estoit, ou bien comme
la Compagnie le jugera à propos.

VII.

Il n'est pas permis de biller la
Boule de sa Partie, ni se mettre
devant elle & joignant, quand
on revient de derriere, à moins
qu'on ne joüe sa Boule de l'endroit où elle s'est trouvée.

VIII.

Pour juger si une Boule tient
du fer, il faut passer un fil entre
la Boule & les deux montans de
l'Archet qui sera à plomb, si le fil
touche tant soit peu la Boule,
elle est reputée derriere, ce qui
sera mesuré par le Porte-Leve,

ou par toute autre Personne
desinteressée.

IX.

Qui tire au plus sur un qui est
au pair, ne peut plus revenir, à
moins qu'ils ne soient les deux
derniers Joüeurs qui restent, &
alors son retour est de peu de
conséquence; mais celui qui tire
au pair, & revient au plus, il a encore quelque ressource.

X.

L'on ne peut revenir de derriere, que tous les autres Joüeurs
ne soient venus à la pierre de
Passe, & le plus éloigné du point
du milieu du fer, doit revenir le
premier.

X I.

Quand quelqu'un est en Passe,
s'il vouloit s'ajuster pour se mettre en beau au milieu du Jeu, il
faut qu'il prenne garde à ne pas

s'éloigner du fer plus qu'il eſtoit, parce qu'il perdroit ſon coup, & par conſequent la Paſſe.

XII.

Un Joüeur voulant paſſer, s'il ſe trouve une Boule étrangere devant ou derriere la ſienne qui le gêne & l'incommode, il peut l'ôter ſans heſiter, mais ſi c'eſt une Boule des Joüeurs elle doit demeurer où elle ſe trouve, & telle qu'elle eſt, quand ce ſeroit un Tabacan, pourvû qu'elle n'eût pas eſté remuée par celui à qui elle eſt; car s'il l'avoit touchée pour y mettre ſa Boule de Paſſe, il la doit laiſſer.

XIII.

Qui a eſté pour deux ou pour pluſieurs du coup du Début, profite de tout s'il gagne la Paſſe; mais s'il eſt rentré au ſecond, il pourra bien gagner la Paſſe des autres,

autres, & se sauver même pour la derniere. Mais pour la premiere qu'il a abandonnée, elle est absolument perduë pour luy, & elle appartient à celui qui gagne la Passe suivante, s'il se souvient de la demander.

XIV.

Quand celui qui a gagné la Passe, débute sans avoir demandé auparavant si quelqu'un estoit pour deux, il perd cette Passe oubliée, *& on l'envoye*, comme on dit communément, *à Avignon*; cette même Passe se trouve donc alors encore suspenduë ou reservée pour celui qui gagnera la Passe suivante, pourvû qu'il n'oublie pas de la demander.

XV.

Si quelqu'un est pour deux ou pour plusieurs du Début, & que l'on fasse sauve avec luy, sans

E

s'expliquer pour combien, il ne sera regulierement sauvé que pour une Passe; car pour estre sauvé du total, il faut s'en estre auparavant expliqué.

XVI.

Celui qui aura sauvé un de la Troupe, & qui viendra à partager les Passes avec un autre, sans tirer, prendra dans son Lot celui qu'il aura sauvé.

XVII.

Qui passe au pair, ou au plus, gagne, & qui passe à deux de plus, oblige, c'est-à-dire, qu'il gagne; si celui qui joüe reste à un de plus après luy, manque à passer, & si ce dernier passe, il gagne tout.

XVIII.

Il faut avoir affranchi le fer par dedans pour avoir passé, & si, comme il arrive quelquefois, la

Boule frapant le fer paſſoit, &
revenoit en piroüettant en deçà
du fer, elle ne laiſſeroit pas d'a-
voir gagné, comme eſtant une
fois paſſée, par la même raiſon
qu'une Boule qui ayant eſté derriere, reviendroit en avant du fer
par la force du coup, ou autrement on la doit remettre derriere auſſi loin qu'elle ſeroit trouvée
revenuë devant.

XIX.

Qui tire au pair ou au plus à la
Paſſe, & rencontre une Boule, la
mettant derriere elle y eſt bien
miſe.

XX.

Qui paſſe de la Leve, voulant
s'ajuſter au pair ou au plus, ſera
reputé derriere, & ne gagnera
pas, à moins qu'il n'ait joüé préci-
ſément du lieu où eſtoit ſa Boule.
C'eſt pourquoi quand on veut

faire ce coup, il est toujours bon
d'avertir qu'on joüe pour passer
ou pour se mettre sous les fers.

XXI.

Si quelqu'un tirant à la Passe,
fait passer une autre Boule avant
la sienne, la premiere passée gagne pourvû qu'elle soit en son
ordre du pair ou du plus; car si
par exemple elle estoit à deux
de plus, & que celle qui l'auroit
fait passer passât aussi la derniere,
celle-ci gagneroit comme obli-
gée de passer à reste un de plus
de l'autre.

XXII.

Pour biller une Boule que l'on
veut mettre derriere, & passer, il
ne faut point porter la Leve jusques sur l'autre Boule pour la
pousser en traînant, ce qui s'appelle *billarder*; mais on doit joüer
franchement sa Boule pour aller

chaſſer l'autre, ſans l'aide de la
Leve, & qui fait autrement perd
la Paſſe : Mais ſi les Boules ſe joi-
gnent de maniere qu'on ne puiſſe
joüer qu'en les pouſſant toutes
deux enſemble avec la Leve, le
coup alors ſera bon.

XXIII.

Qui ſe trouve à trois de plus,
celui qui doit joüer reſte à deux,
eſtant en Paſſe, le trois de plus
n'a que faire de tirer, parce qu'il
n'en eſt plus.

XXIV.

Quand on eſt proche de la Paſſe
& à côté du fer, ce qu'on dit eſtre
la place aux Niais, il faut paſſer
de la Leve en droite ligne, ſans
biaiſer ni tourner la main, & ſans
porter la Leve dans l'Archet en
crochetant, comme on dit ; car
alors on triche, & l'on doit perdre la Paſſe.

XXV.

Celui à qui par trop d'ardeur ou autrement, la Boule de Paſſe échape de la Leve ſans la joüer, perd un coup.

XXVI.

Si la Boule de Paſſe ſortoit par le bout du Mail ſans avoir paſſé, elle ne ſeroit pas cenſée ſortie, & le Joüeur pourroit revenir, s'il eſtoit encore en état pour cela.

XXVII.

Qui leve ſa Boule croyant eſtre ſeul ſur le Jeu, & avoir gagné, ne perd pas ſon coup, mais il doit remettre ſa Boule où elle eſtoit, & joüer à ſon ordre pour finir la Partie avec celui qui reſte, parce qu'on excuſe facilement la bonne foy de ceux qui ne s'apperçoivent pas quelquefois d'une Boule qui eſt écartée, à quoy pourtant tout Joüeur doit bien prendre garde.

XXVIII.

De même maniere si un Joüeur passant à deux de plus, & ne faisant qu'obliger un qui joüeroit reste à un après luy, celui-ci croyant que l'autre estoit en ordre, viendroit à lever imprudemment sa Boule, il ne doit pas perdre pour cela son coup, parce qu'il est censé dans la bonne foy, & on doit luy permettre de tirer son coup.

DE LA PARTIE.

I.

Ceux qui joüent en Partie liée ne peuvent point rentrer au Début, ni à aucun autre coup.

II.

Ils peuvent nuire en tout & partout à ceux du parti contraire, & aider aussi à ceux qui sont de leur côté, les pousser même

E iiij

jufques à la Paſſe, s'il eſtoit poſſible, pour les faire gagner, pourvû que ce ſoit dans les bonnes formes & ſans tricherie.

III.

La Boule qui incommodera quelqu'un du même côté, pourra eſtre levée, afin qu'il puiſſe tirer à la Paſſe ſans gêne, mais dèſlors elle ne ſera plus du Jeu.

IV.

En Partie liée comme au Roüet, il n'y a que les deux derniers qui puiſſent revenir l'un contre l'autre pour clorre la Paſſe, s'ils ſont en ordre.

V.

Une Partie commencée ne doit ſe rompre que du conſentement des Joüeurs, autrement celui qui la quitte la perd, & ſera tenu de payer ce que l'on joüoit.

VI.

On doit empêcher les Gens de Livrées d'incommoder les Joüeurs, de joüer même quand il y a des Parties faites, & on devroit les accoutumer de se tenir hors du Jeu, à la suite de leurs Maîtres avec le Porte-Leve, afin de prendre garde aux Boules qui sortent, & pour ne donner aucun soupçon aux Joüeurs d'avoir avancé ou reculé les Boules, ce qui fait souvent de la peine à plusieurs.

REGLES PARTICULIERES.

CONCERNANT LE MAISTRE DU MAIL, OU SON COMMIS, OU LES PORTES-LEVES.

QUICONQUE voudra joüer sera tenu de venir à la Loge

du Maître, ou de celui qui tiendra sa place, pour y prendre un Mail & des Boules, & s'il en apporte, il n'entrera point au Jeu sans en avoir averti ou fait avertir le Maître ou le Commis, pour luy payer le Droit de son Jeu, suivant ce qu'on a coutume de donner.

II.

Le Maître fournira des Boules, des Mails, & des Leves à ceux qui n'en auront point, moyennant dix sols pour tout depuis six heures du matin jusques à midi, & depuis une heure jusques au soir : Mais ceux qui ont leur Equipage de Mail ne devroient payer que la moitié, ou tout au plus les deux tiers, & en ce dernier cas, le Droit pour le Porte-Leve y doit estre compris.

III.

Si l'on casse un Manche du Jeu, on payera vingt sols; si on perd ou si l'on casse une Boule, dix sols; si l'on perd la Boule de Passe, vingt sols; si l'on perd ou si l'on casse la Leve, trente sols; & si l'on casse la tête du Mail on ne payera rien, pourvû qu'on en rapporte les morceaux, faute de quoy on payera trente sols; & pour loüer une Leve & une Boule de Passe, cinq sols.

I V.

Les Portes-Leves doivent aller toujours devant le coup, autant qu'il est possible, pour crier gare, prendre garde aux Boules, empêcher qu'on ne les change ni qu'on ne les perde, & les remettre dans le Jeu quand elles sont sorties, vis-à-vis l'endroit où elles se trouvent.

F I N.

APPROBATION.

J'AY lû par ordre de Monseigneur le Chancelier, un Manuscrit intitulé, *Nouvelles Regles pour le Jeu de Mail*; où je n'ay rien trouvé qui en doive empêcher l'Impression. Fait à Paris ce trentiéme Avril mil sept cens dixsept. *Signé*, TERRASSON.

LOUIS PAR LA GRACE DE DIEU, ROY DE FRANCE ET DE NAVARRE. A nos amez & feaux Conseillers les Gens tenans nos Cours de Parlement, Maîtres des Requestes ordinaires de nôtre Hôtel, Grand-Conseil, Prevôté de Paris, Baillifs, Senéchaux, leurs Lieutenans Civils, & autres nos Justiciers qu'il appartiendra, SALUT. Nôtre bien amé JOSEPH LAUTHIER, l'un de nos Conseillers Secretaires, Maison, Couronne de France, & de nos Finances, nous a fait exposer qu'ayant en sa possession un petit Ecrit qui a pour Titre, *Nouvelles Regles pour le Jeu de Mail*, que diverses Perſonnes de conſideration luy ont demandé ; il nous a tres humblement fait ſupplier de luy vouloir accorder un Privilege de ce petit Ouvrage, pour ſatisfaire la curioſité de ceux qui aiment cet Exercice, & de vouloir luy accorder nos Lettres de Permiſſion ſur ce neceſſaires. A CES CAUSES, deſirant favorablement traiter l'Expoſant, nous luy avons permis & accordé, permettons & accordons par ces Preſentes, de faire imprimer, vendre & debiter dans tous les Lieux de nôtre obéïſſance, par tel Imprimeur qu'il voudra choiſir, *Les Nouvelles Regles pour le Jeu de Mail, tant ſur la maniere d'y bien joüer, que pour décider les divers évenemens qui peuvent arriver à ce Jeu*, en tels caracteres, en telle grandeur, & autant de fois que bon luy ſemblera, l'eſpace de trois années conſecutives, à compter du jour & datte des Preſentes. Défendons à tous Imprimeurs, Libraires, & autres Perſonnes, de quelque qualité & condi-

tion qu'elles foient, d'imprimer, faire
imprimer ou contrefaire, vendre ni
debiter lefdites Nouvelles Regles du
Jeu de Mail, & d'en faire aucun extrait
fous quelque pretexte que ce puiffe
eftre, même d'impreffion étrangere,
fans le confentement par écrit de l'Expofant ou de fes Ayans-caufe, fous
peine de cinq cens livres d'amende
contre chacun des Contrevenans,
applicable un tiers à Nous, un tiers à
l'Hôtel-Dieu de Paris, l'autre tiers à
l'Expofant ; de confifcation des Exemplaires contrefaits, & de tous dépens,
dommages & interefts ; à condition de
faire regiftrer ces Prefentes dans trois
mois du jour de leur date, fur le Re-
giftre de la Communauté des Imprimeurs & Libraires de Paris ; que l'Impreffion dudit Livre fera faite en beaux
caracteres, fur de beau & bon papier,
dans nôtre Royaume, & non ailleurs,
conformément aux Reglemens de la
Librairie : Et qu'avant l'expofition
dudit Livre en vente, il en fera mis
deux Exemplaires dans nôtre Bibliotheque publique, un dans le Cabinet

de nos Livres en nôtre Château du
Louvre, & un dans la Bibliotheque de
nôtre tres cher & tres feal Chevalier
Chancelier de France le Sieur D A-
G U E S S E A U ; le tout à peine de nul-
lité des Prefentes. Du contenu def-
quelles vous mandons & enjoignons
de faire joüir l'Expofant ou fes Ayans-
caufe, pleinement & paifiblement,
fans fouffrir qu'il luy foit fait aucun
trouble ou empêchement. Voulons
que la Copie defdites Prefentes qui
fera imprimée au commencement ou
à la fin dudit Livre, foit tenuë pour
dûëment fignifiée; & qu'aux Copies
collationnées par l'un de nos amez &
feaux Confeillers Secretaires, foy foit
ajoutée comme à l'Original. Comman-
dons au premier nôtre Huiffier ou Ser-
gent de faire pour l'execution d'icelles
tous Actes requis & neceffaires, fans
qu'il foit befoin d'autre Permiffion ;
nonobftant Clameur de Haro, Chartre
Normande, & autres Lettres à ce con-
traires : C A R tel eft nôtre plaifir.
D O N N E' à Paris le quatriéme jour
de May l'an de grace mil fept cens dix-

sept: Et de nôtre Regne le deuxiéme.
Signé, Par le Roy, en son Conseil,
DEZALLIER, avec Paraphe.

*Il est ordonné par l'Edit du Roy du
mois d'Aoust 1686, & Arrests de son
Conseil, que les Livres dont l'Impression se permet par Privilege de Sa Ma-
jesté, ne pourront estre vendus que par
un Libraire ou Imprimeur.*

*Registré sur le Registre quatriéme de
la Communauté des Libraires & Imprimeurs de Paris, Page 149, Numero 177,
conformément aux Reglemens, & no-
tamment à l'Arrest du Conseil du 13
Aoust 1703. A Paris le 12 May 1717.*
Signé, DELAULNE, Syndic.

A PARIS,
De l'Imprimerie de CHARLES
HUGUIER, Imprimeur-Libraire,
ruë Saint Jacques, vis-à-vis la ruë de
la Parcheminerie, à la Sagesse. 1717.